Pierre Stutz

Was die Stille erzählt

Pierre Stutz

Was die Stille erzählt

Tagebuch-
meditationen

Kösel

Andreas Schreiber, Bernadette Inauen-Wehrmüller,
Doris Hasenschwandtner, Wunibald Müller gewidmet,
in herzlicher Verbundenheit.

Umschlag: 2005 Werbung, München
Umschlagmotiv: Getty-Images
Satz und Layout: Greiner & Reichel, Köln
Druck und Bindung: CPI Moravia Books s.r.o., Pohorelice
Printed in Czech Republic
ISBN 978-3-466-36756-6

*Gedruckt auf umweltfreundlich hergestellten Werkdruckpapier
(säurefrei und chlorfrei gebleicht)*

www.koesel.de

Inhalt

Einstimmung

Die Stille fasziniert mich seit langem. Sie verheißt mir, einfach sein zu dürfen. Sie macht mir auch Angst, weil ich mir nicht ausweichen kann. Schon als Kind und Jugendlicher habe ich immer wieder die Stille gesucht. Ich bin gerne alleine durch die Wälder und Felder gezogen. Ich habe auch die bedrückende Seite der Stille erlebt, wenn Konflikte totgeschwiegen und Gefühle überspielt wurden. In meinem Theologiestudium habe ich erfahren, dass der Gründer des Jesuitenordens, Ignatius von Loyola (1491–1556), eine Wegbegleitung für eine dreißigtägige Schweigezeit geschrieben hat. Diese Entdeckung hat bei mir eine große Sehnsucht und Angst ausgelöst. Jene Sehnsucht, die mich zu mir selbst entlässt, zum Seindürfen vor aller Leistung. Jene Angst, die mich auf mich selbst zurückwirft, auf unangenehme Fragen wie: Was bleibt von mir, wenn ich nur noch bin und mich nicht mehr über Arbeit definieren kann? Was trägt, wenn von außen keine Anfragen und Echos eintreffen?

Sehnsucht nach und Angst vor der Stille haben mich über zwanzig Jahre lang begleitet. Mehrere Male habe ich während dieser Zeit versucht, mich in einem Bildungshaus der Jesuiten anzumelden. Wie erlöst und befreit war ich jedes Mal, wenn es nicht klappte, weil in meinem Terminkalender schon andere Verpflichtungen eingetragen waren. Irgendwann war die Sehnsucht größer als die Angst und so habe ich mich drei Jahre im Voraus angemeldet, um sicher im Sommer 1999 dreißig Tage schweigend in einer Gruppe verbringen zu können. Kurz vor Beginn dieser inneren Reise holten mich die Widerstände wieder ein, nicht nur von innen, sondern auch von außen. Ich hatte meine Abwesenheit gut geplant und organisiert, aber es wurden Mitarbeitende unerwartet krank und ich hätte gute Gründe gehabt, um mein Rendezvous mit der Stille abzusagen. Doch meine Sehnsucht ließ sich nicht mehr auf später vertrösten. Mit Hoffnung und Angst ging ich Mitte Juli 1999 nach Notre Dame de la Route in Fribourg. Ich nahm vor allem mich selbst mit und nur zwei Bücher – die Bibel und ein gebundenes Buch mit leeren Seiten. Falls es sich ergab, sollten diese leeren Seiten meine Gedanken, Gefühle, mein Auf und Ab aufnehmen, in Form von Tagebucheindrücken, die ich schreibend-betend vertiefen wollte.

Dann trat ich voller Hoffnung und Angst ein in das große Wagnis der Stille. Ich erlebte diese dreißig Tage als intensiven Sterbe- und Auferstehungsprozess. Die ersten zwei Wochen war ich auf »Entzug«. Der Übergang von höchster Aktivität in die lang ersehnte Ruhe, in der niemand etwas von mir erwartete, war brutal. Eine depressive Stimmung warf mich sehr schnell auf uralte Verwundungen und Lebensfragen zurück. Obwohl es sehr unangenehm war, wusste ich mit großer Klarheit, dass ich durch diesen Engpass hindurch wollte, um eine neue Weite im Leben entdecken zu können.

Das Schreiben von Tagebuchmediationen und das tägliche, kurze Einzelgespräch mit meinem spirituellen Begleiter waren mir auf dieser Gratwanderung eine große Lebenshilfe. Eine Fülle von Meditationstexten schrieb ich mir von der Seele, im Sinne einer regelmäßigen Standortbestimmung. Denn ein spiritueller Mensch ist für mich eine Frau, ein Mann, die oder der wahrnimmt, was ist, um darin die göttliche Spur zu erkennen. Wahrnehmen können, ohne zu bewerten und zu beurteilen, war für mich die große Herausforderung, die mich in eine neue Freiheit führte.

All die Meditationstexte, die sich in diesem Buch finden, habe ich im Sommer 1999 innerhalb von zwei bis drei Minuten geschrieben. Heute, sieben Jahre danach, wage ich diesen dynamischen Prozess der Selbstwerdung und des echten Mitgefühls als Mystik des Schreibens zu benennen. Er erinnert mich an eine eindrückliche Szene im Film »Finding Forrester« (Forrester gefunden) vom amerikanischen Kultfilmregisseur Gus van Sant. Sean Connery spielt darin einen berühmten Schriftsteller namens Forrester, der sich nach dem großen Erfolg seines ersten Romans zurückgezogen hat. Ein 16-jähriger Student dringt in seine Einsamkeit ein, um durch ihn ins Schreiben eingeführt zu werden. Trotz anfänglicher Widerstände lässt sich Forrester auf ihn ein. Er leiht dem jungen Jamal seine Schreibmaschine und fordert ihn auf, einfach zu schreiben. Der Student will sich Zeit nehmen zum Nachdenken, doch Forrester sagt ihm: »Schreiben, nicht denken! Der erste Schritt beim Schreiben besteht darin zu schreiben, nicht zu denken.« Trotz seiner großen Verwunderung lässt sich Jamal auf dieses Experiment ein und er schreibt und schreibt, bis *es* immer mehr schreibt in ihm und durch ihn.

Eine wohltuende Filmszene, durch die ich mein Schreiben während der Schweigetage noch besser verstand. Ein Schreiben, das mich übersteigt, weil Raum und Zeit mir wie aufgehoben erscheinen. Ein Schreiben, in dem das Auf und Ab der Gefühle nicht bewertet wird. Ein Schreiben, das meinen vielfältigen Stimmungen und meinem intensiven Innenleben einen Ausdruck verleiht. Meine Tagebuchmeditationen sind ein dialogisches Ereignis, ein Dialog mit dem Urgrund allen Lebens, dem ewigen Du (Martin Buber). Ich erahne im Du die Christuskraft in mir, die mich zu mir selbst führt, um die tiefere Verbundenheit mit allem zu erfahren. Mein dialogisches Schreiben lässt mich meine Beziehungs- und Liebesfähigkeit und mein Engagement für ein gerechteres Miteinander in einem größeren Ganzen erkennen.

Mein Sprung in die Stille hat mich gelöster werden lassen. Ich kam durch das Aushalten von vielen dunklen Stunden zur Gabe der Lange-weile, des Seindürfens. Ein Geschenk, das sich mir in der dritten und vierten Woche immer mehr offenbarte, um mein unerbittliches Lebensgesetz vom Nichtgenügen zu verwandeln in die Zusage des Angenommenseins vor allem Tun. Nicht ein für alle Mal, sondern immer wieder neu. Meine hohen Ansprüche nach Vollkommenheit sind zum Glück in dieser Schweigezeit innerlich immer mehr zerbrochen. Schmerzvoll und befreiend habe ich erlebt, wie ich mich neu finden kann im Kreuz- und Auferstehungsweg Jesu, der sich auch in mir ereignet und erneuert als Geburt Gottes im tiefsten Seelengrunde. Dabei ist mir der Aspekt des Hinabsteigens in die eigenen Abgründe vertraut geworden als zentrale spirituelle Erfahrung – im Credo beschrieben als Hinabsteigen Jesu in das Reich des Todes. Sie beinhaltet das Aushalten der Leere, der Ungewissheit, damit Neues geschehen kann. Im Auferwecktwerden zu mehr Lebensqualität, im Befreitwerden aus der Gefangenschaft der Angst kann ich mich vermehrt dem Fluss der Liebe anvertrauen.

Diese lebensbejahende Perspektive drückt sich in meinen Tagebuchmeditationen aus, die ich nach der Schweigezeit mit nach Hause nahm. Zu meinem großen Erstaunen ließ ich sie ungelesen neben meinem Bett liegen, während eines ganzen Jahres. Das existenzielle Ergriffensein von diesen inneren Worten war so groß, dass ich es nicht wagte, in meinem Lebensbuch zu lesen.

Erst im Sommer 2000 habe ich das Wegbuch während meines Urlaubs geöffnet. Ich war sehr berührt, aufgewühlt und bewegt beim meditativen Lesen von über einhundertvierzig Meditationstexten. Der Blick in meine innere Seelenlandschaft mit all den schönen und widersprüchlichen Seiten war für mich eine Wohltat. Die Dynamik des Hin-und-her-gerissen-Seins, die sich bis zum Schluss der Tage durchzog, ließ mich in der Tiefe aufatmen, weil ich intuitiv Ja sagen konnte zu diesem Wachsen und Reifen, das mich ein Leben lang begleiten wird. Sehr bald meldete mein Verstand Ein- und Ansprüche an. Er holte sich Hilfe bei meinen inneren Kritikern, die mir deutlich zu bedenken gaben, dass ich es mir mit so einer Unausgeglichenheit nicht mehr lange würde leisten können, auch in Zukunft vielen anderen suchenden Menschen ein spiritueller Begleiter zu sein. Doch die Kraft der Stille trug, und ich traute meiner Herzensstimme mehr als meinen Über-Ich-Einwänden. Ich spürte den Auftrag, mit einer kleinen Auswahl meiner persönlichen Texte auch andere ermutigen zu können für einen authentischen spirituellen Weg, der immer bruchstückhaft und unvollkommen sein wird.

Dies ist die Frucht meiner dreißigtägigen Stillezeit, die sich verdichtet in der befreienden Einsicht, dass ich glücklich werde, wenn ich auch täglich unglücklich sein darf. Diese Grundhaltung verabschiedet sich von den Allmachtsfantasien, irgendwann alles im Griff zu haben, irgendwann endlich über den Dingen stehen zu können. Eine erlösende Spur, die ich in vielen mystischen Biografien gesucht und gefunden habe. Als Ergebnis dieses Dialogs zwischen mystischen Texten und meinen Tagebuchmeditationen ist dann im Frühjahr 2003 im Kösel-Verlag mein Buch »Verwundet bin ich und aufgehoben. Für eine Spiritualität der Unvollkommenheit« erschienen. Seither haben mir hunderte von Menschen in ganz persönlichen Briefen mitgeteilt, dass sie sich in meinen Worten wiederfinden und sie ihnen eine befreiende Lebenshilfe sind. Diese bestärkenden Echos haben mich nach langem Zögern bestärkt, in diesem Buch meine weiteren Gebete zu veröffentlichen (ein Dutzend ganz persönlicher Texte bleibt bei mir!). Mein langer Gang durch das Schweigen mit all seinen Höhen und Tiefen wird dadurch sichtbar.

Diese Texte sind vor sieben Jahren geschrieben worden. Obwohl ich auch dank dieses Schreibprozesses viel befreiter im Leben stehe, so bleiben die Worte für mich sehr aktuell. Ich kann und will diese Texte nicht verändern, weil sie mir nicht gehören! Sie weisen über meine Erfahrung hinaus. Sie erzählen vom Aufbruch aus der Gefangenschaft der Angst, der durch die Verunsicherung der Wüste hindurchführt in eine neue Lebendigkeit, die dem Geschenk der Liebe mehr vertraut. Eine Liebe, die in der Selbstannahme verwurzelt ist, um befreiter lieben zu können und sich lieben zu lassen. Eine Liebe, die Selbstliebe, Nächsten- und Gottesliebe nicht mehr trennt.

Meine Gebete verdeutlichen einen Weg aus der Enge in eine Weite, der nicht an eine dreißigtägige Schweigezeit gebunden ist. Dieser Befreiungsweg ist allen verheißen, die den Pfad in die eigene Tiefe suchen, damit auch Umbruch- und Krisenzeiten, ein Burnout oder eine Erwerbslosigkeit eine Chance werden können, um innerlich neu zu einer größeren Lebendigkeit aufgerichtet zu werden. Lesende, die sich während einer Auszeit, einem Krankenhaus- oder Kuraufenthalt intensiv auf einen inneren Prozess einlassen möchten, kann der Rhythmus der dreißig Tage eine Hilfe sein, indem die Meditationstexte ganz bewusst Tag für Tag gelesen und vertieft werden.

Ich bedanke mich bei den beiden Jesuiten Bruno Fuglistaller und Jean Rotzetter in Notre Dame de la Route, Fribourg – www.ndroute.ch –, für ihre bestärkende Begleitung. Dankbar bin ich für das tragend-schweigende Mitsein der Gruppe. Danken will ich Winfried Nonhoff vom Kösel-Verlag und Marcel Laux für die beharrliche Geduld und die wohltuende Unterstützung beim Gestalten dieses Buches. Mögen meine Worte ermutigen, die eigenen Worte zu finden, die zu sich selbst und zur ureigenen Aufgabe auf dieser Welt führen.

Lausanne, 7. November 2006 Pierre Stutz

Ankommen

1. Tag

Ankommen
Abstand gewinnen
erahnen
wie mein Wert aus meinem
Sein entspringt

Unsicherheit vor der Leere
vertrauend
dass sich das ganz Kleine
in mir
entfalten kann
damit
ich die Ur-absicht
Gottes mit mir
freilegen kann

Ankommen
Ruhe finden

Zwischen Angst und Vertrauen

2. Tag

Mitten in der Nacht
eingeholt
von vielen unverarbeiteten
Erfahrungen

Unglaublich
wie Uraltes auftaucht
unangenehm
konfrontiert
verunsichert

Eine leise Ahnung
dadurch freier zu werden
gelöster
entbunden von vielen
Verpflichtungen

Sein dürfen
wach liegen
behutsam loslassen

Ein- und ausatmen
mich annehmen
versöhnen mit meiner Geschichte

Einmal mehr
erfahren
wie ich in meinem Rhythmus
ich selbst werden kann

Mich häuten
verwandeln
geschehen lassen
einschlafen

Erfülltes Dasein
nichts mehr tun müssen

Im Nichtstun
höchste Aktivität
erfahren

Gottes Geburt in mir
ereignet sich
im bewussten
Ein- und Ausatmen

Christus in mir
wirkt heilend
bestärkt zu
politischer Verbundenheit
mit allem

Die Spannung
die Widersprüchlichkeit
das Dunkel
des Lebens
nie auflösen
harmonisieren

Das stille Geschrei
aufwecken
wach halten
durchklingen
lassen

Gottes Geheimnis
sowie das Geheimnis
des Menschen
bewahren

Staunend
da sein
weil ich sein darf
nichts tun muss
um so genährt zu sein
für die Lebensaufgabe
die mich erwartet

Dein Hinweis
wird mich leiten
mich immer mehr
hineinwachsen lassen
in das Ureigene
das Du in mir angelegt hast

All mein Fühlen
Denken
Handeln
will ich danach ausrichten
damit Dein Wille
ein Fest werde
wo all die Mühen und Schwierigkeiten
zur Vorbereitung gehören
wo durch Dich vollendet wird
was durch mein
mitschöpferisches Tun
konkretisiert wird

Du allein genügst
weil Du in allem bist
und darum erfahrbar
im sinnlichen Genießen
und Loslassen

Dank sei Dir
für mein Leben

Mich nicht überfordern
meiner inneren Herzensstimme
trauen

Auf die lange Sicht
nichts tun
was nicht vom Herzen
her kommt

Bereit sein
Konsequenzen
aushalten
im Treusein
mir selbst gegenüber

So allein kann ich mich
einbringen zum Wohl
der Gemeinschaft

Mitten im Entscheidungsprozess
meine ganze Ambivalenz
spüren

Wo soeben noch Klarheit
und ein sicheres Gefühl
sich mir zeigten
herrschen jetzt
Verunsicherung und
Ängste

Da mir wohlwollend
begegnen
ist unglaublich schwer
Begleite mich
klärender Geist
indem ich in mein
Verspanntsein
hineinatme und
dadurch meinen Kopf
entlaste
um mit Leib und
Seele zu vertrauen

dass die Lösung
schon in mir ist
und sich in Übereinstimmung
mit meiner Tiefe
zeigen wird

Allen Widersprüchlichkeiten
zum Trotz
vertraue ich
dem Hinweis Gottes in mir

Raum für mich

Intensive Träume

3. Tag

Lazarus komm heraus –
zwei intensive Träume
haben mein Nachtgefühl
geprägt:

Zuerst klopfte eine Frau
im Sarg
um herausgelassen zu werden
danach kämpfte sich ein
Mann aus seinem Sarg
der im Begriffe war in
die Erde gelassen zu
werden

Was will bei mir an
Weiblich-Männlichem
auferstehen –
was an schon Totgesagtem
hervortreten
ausbrechen
ans Licht kommen

Lazarus komm heraus
Jüngling von Naïm steh auf
Talita kum
junge Frau steh auf

Lebe
spür den Ruf Gottes in dir
höre ihn
und gib ihm Ausdruck
durch dein Sein

Der Schrecken der Traumbilder
ist noch fest in meinen
Knochen

Mein tiefes Ein- und Ausatmen
nimmt diese Erfahrung
wohlwollend ernst

Das Dunkel, die Angst
der Schrecken
das Unerlöste
wird immer zu meinem
Leben gehören

Glücklich werde ich
im Wahrnehmen
dieser Wirklichkeit
damit sie verwandelt
werden kann

Das Staunen über die Blumen
den Tau am Morgen

Das Anschauen meines Gesichtes
das Meditieren meiner Hände
sind Ausdruck
der anderen Seite des
Lebens
der Leichtigkeit des Seins

Leere
Fülle
Angst
Vertrauen

Du bist in allem erkennbar

Ich selbst werden
den Himmel in mir finden
nicht außerhalb suchen
was Du seit dem Mutterschoß
in mich hineingelegt hast

Dich gebären
im Annehmen meiner selbst

Glücklich der Mensch
der sich gefunden hat
der sich von Dir finden lässt
der seine Lebensaufgabe
zur Entfaltung bringt
er wird sein wie ein Lächeln
das alles im Leben verändert

Zum Wohle der Gemeinschaft
mich finden
damit ich mich lassen kann
sein lassen kann
mich gehen lassen kann
um bei Dir anzukommen
um mich einzubringen
meine Lebensmelodie erklingen lassen

Dich gebären
im Stärken meines Rückgrates
im Geradestehen für die Menschenrechte
im ökologischen Mitfühlen

Ich selbst werden
um Dir nahe zu sein

Mich hinlegen in der Kapelle
mich ausstrecken
mich getragen wissen
mich hingeben
weil ich dadurch
nicht mehr fremdbestimmt bin
mich nicht mehr nur
nach den Erwartungen der anderen richte
sondern im SEIN dürfen
die göttliche Kraft spüren
die mich seit Geburt
bewohnt
belebt
bestärkt

Mich hinlegen
um sein zu dürfen

Zuviel
mich überfordern

Zuviel
aus der Urangst
nicht zu genügen

Zuviel
um es allen recht zu machen

Zuviel
weil ich grenzenlos bin

Zuviel
aus der Verletzung
es doch alleine
schaffen zu müssen

Werden
den innersten Raum
in mir betreten
weil die Türe
immer offen ist

Ausruhen
wo ich nichts mehr
vorspielen muss
wo ich ganz werden kann

Auftanken
schöpfen aus dieser göttlichen Quelle
die mich lebendiger werden lässt

Werden
dem Spiel des Atems folgen
genießen
wie sich alles ergeben wird
was ich zur Selbstwerdung brauche
wie daraus jene Leidenschaft genährt wird
dem Dunkel in dieser Welt zu begegnen
der Ungerechtigkeit
jene friedensstiftenden Initiativen zufließen lassen
die Diktatoren zum Rücktritt bewegen
und jede und jeden erinnern
wie in mir
auch Ansätze zur Gewalt sind

Da wo ich diesem Dunkeln
in mir nicht ausweiche
werden Feindbilder überwunden
da trage ich bei in wohlwollender Konfliktfähigkeit
zum Versöhnungsprozess

Leide mit mir
schreie mit mir
richte uns auf
stehe auf in uns
brich auf mit uns
gestalte diese Welt
neu mit mir

Ur-verletzungen
scheinen wieder auf
obwohl ich sie
schon so lange gepflegt habe
und sie sicher geheilt sind
so führt mich die Stille
zur Verletzlichkeit
Traurigkeit
die sich behutsam zeigt

Du bewohnst mich
darum hat alles Platz
all mein Schmerz
mein Unvermögen
meine Ambivalenz
einmal mehr versuche ich anzunehmen
wie tief verletzt ich bin
wie sehr ich ein Leben lang
um Dein Urvertrauen ringe

Mögest Du
heilend mir
nahe sein
mich bestärken
mich nicht überfordern

In Dir verwurzelt sein
heißt Trauer und Angst
spüren und teilen

Da wächst die Hoffnung untereinander
wenn ich mich verletzlich zeige
und meine Ohnmacht teile

In Dir verwurzelt sein
im Schreien
über den Krieg in Kosovo
dieser Traumatisierung
die Generationen prägen wird
Du bist mitschreiend da

Deine Ohnmacht ist es
die uns menschlich werden lässt
um vollmächtig
an die tiefe Lebenskraft heranzukommen
die sich im Schreien ausdrückt

Mit beiden Händen
den Boden spüren
schreien
schreien
schreien
erahnen wie Du
Angst verwandelst
wenn wir einander
dabei nicht alleine lassen

Mir Daheimsein
schenken lassen

Meine Grenzen zeigen
meiner Sehnsucht trauen
meiner Verwandlung
Raum und Zeit zugestehen

Mir Beheimatung
schenken lassen

Ich muss sie nicht erkämpfen:
Geburt
Kindsein
Angenommensein
ist Geschenk

Raum für mich

Mein Leben durchschreiten

4. Tag

Langsam
Schritt für Schritt
gehen

Mein Leben durchschreiten
in meinem Rhythmus
mich einlassen
auf den Grund
der mich trägt
mich gehen lassen
weil nicht ich
Anfang und Ende
Eingang und Ausgang bin

Schritt für Schritt
die Schwere der Nacht
abgeben
loslassen
die ungelösten Fragen
die in Traumbildern
mich erschreckt haben
bestimmt – behutsam
mitnehmen
in diesen Tag

Sonn-tag
die Sonne in mein Herz
scheinen lassen
in die Traurigkeit
in die Verletztheit

Vertrauend
dass der Pfad
das Ziel ist

Meine Arme hochhalten
die ganze Spannweite
meines Leibes erfahren

Sinn-bild
für mein Eingebundensein
in all das was geschieht
im Hier und Jetzt
ins Lachen und Weinen
Hoffen und Bangen
Vertrauen und Verzweifeln
Hassen und Lieben
alles ist auch Teil
von mir

Mich weiten zu lassen
im Atmen
die Schöpfung
den Kosmos
in mir erkennen

Erde
Wasser
Luft
Feuer

Elemente in mir
die mich mit Dir
verbinden

Blockiert sein
in meinem Schmerz
in meiner Urverwundung

Gefangen sein
in den schrecklichen Bildern
die sich wie ein Film
wiederholen
wiederholen
wiederholen

Behindert sein
in meinen Entfaltungsmöglichkeiten
weil die Verwundung
zu tief ist
die Substanz
angegriffen wurde

Wie kann ich Dich
auf dem Seelengrund erfahren
wenn zuallererst
in diesem Zu-Grunde-Gehen

dieser gewaltvolle Teil
meiner Geschichte aufscheint

Oder liegt da
die Nähe zu Dir
Deinem Gekreuzigtsein
Deinem Ausgeliefertsein
liegt im Schrei
nach dem Warum der Verlassenheit
die Spur
daran wachsen und reifen zu können
weil Du
in der absoluten Ohnmacht
Neues schaffst
wenn es mir gelingt
meine Geschichte
anzunehmen und loszulassen
verwandeln zu lassen
versöhnen zu lassen

Ein Leben lang
werde ich geprägt sein
durch dieses Leid
doch nicht um im Selbstmitleid
zu verweilen
sondern um mich heilend von Dir
aufrichten zu lassen

Neues wagen
weil Du Neues schaffst
aus den Scherben
meines Lebens

Deine Geburt ereignet sich
in diesem schmerzvollen Prozess
der Selbstannahme
und der Versöhnung

Ein befreiender Weg
der nicht machbar ist
und doch einzig von
mir durchgangen werden muss
– begleitet von Dir

Aushalten
im Vertrauen
dass sich auch in mir
die Verheißung erfüllen kann
gesegnet zu sein

Dieser Zuspruch ist da
vor allen Ansprüchen
ob ich ihm zustimmen kann
ist mein Entscheid
doch meine Freiheit
ist begrenzt

Was wenn ich
nicht wollen kann

Ich lasse mich
finden von Dir

Ich will gesund werden
angenommen
in meinem Verwundetsein
aufgehoben
in meiner Begrenztheit
angeschaut
in meiner Einmaligkeit
emporgehalten
in meiner Bescheidenheit
berührt
in meiner Unerreichbarkeit
geheilt
in der Tiefe meines Seins

Suche mich
bevor ich Dich suche

Stammeln
tiefes Ein- und Ausatmen
unfähig
mich mitzuteilen
gefangen in mir selbst

Verloren
den Schlüssel zum Ausgang

Verschüttet
das Vertrauen in Dich

Vergraben
die Hoffnung verwandelt zu werden

Verborgen
Deine heilende Gegenwart

Schwimmen
als spirituelle Erfahrung
mich getragen wissen
vom Wasser des Lebens
mich bewegen
meine ganze Leiblichkeit
spüren

Schwimmen
im Sonnenlicht genießen
wie ich erwärmt werde
wie all meine Angst
sich immer mehr verliert
im Lebensstrom

Dasein
mein Wert entspringt
aus meinem Sein

Dasein
weil der Geschenkcharakter
des Lebens
nie erleistet werden kann

Dasein
die innere Stimme hören
die mich hinweist
auf die Zärtlichkeit Gottes
die im leisen Säuseln
spürbar ist

Gesundung erfahren
im Durchbrechen
des Misstrauens

Mich anvertrauen
laut aussprechen
was sich Stein um Stein
wie eine unüberwindbare Mauer
in mir aufgebaut hat

Heilung erfahren
im Benennen der Schwere
im Abbauen von der Angst
nicht mehr angenommen zu sein

Dank Dir

Hin- und hergerissen

5. Tag

Zutiefst berührt
Versöhnung ist möglich
Blockiertsein aushalten
Schmerz ausdrücken
Ängste wahrnehmen

Wie lange
wirklich von Herzen
meiner Erfahrung trauen

Wie auch immer
im Hier und Jetzt vertrauen
dass Heilung möglich ist

Das verletzte Kind
einmal mehr in die Arme nehmen
es emporheben
die Verwundung nicht zudecken

Offen-sichtlich muss
der Schmerz
der Schrei
die Ungerechtigkeit
benannt werden

In diesem Verwundbaren
die Spur zum Göttlichen erahnen
Im Integrieren meiner Abspaltungen
ganzheitliches Heilen
erfahren

Es lohnt sich
aktiv zu warten
um dann Worte zu finden
für das Unsagbare

Genießen
wie Momente der Versöhnung
möglich werden
auch wenn sie
zerbrechlich bleibt
weil die Verwundung
unendlich tief
an die Substanz ging

Monströs können Menschen sein
Vergewaltigungen
Folter
Kinder mit Genickschuss getötet
ganze Dörfer zerstört

Monströs kann Gewalt sein
ganz in der Nähe
in der behüteten Nachbarschaft
wo die Schreie der Kinder

im Lärm der Fernsehanstalten
untergehen

Wie wilde Tiere
können Menschen sein
noch schlimmer sogar
noch dämonischer
noch perverser

Es gibt keine Worte
um das abzuschwächen
zu erklären
in ein System
eine Ideologie
einen Glaubensweg
einzuordnen

Und doch bleibt die Hoffnung
dass auch die Engel aufscheinen
in all dieser himmelschreienden Not

Überwältigt
sprachlos
berührt
Hin- und hergerissen
im Vertrauen
dass sich etwas gelöst hat in mir
und im Zweifel
dass es doch nicht wahr ist

»Jeder Engel ist schrecklich«
heilende Erfahrungen lassen mich
aufschrecken
aufhorchen
ehrfürchtig werden

Die Sehnsucht bleibt

Kann es wahr sein
dass jahrzehntealte Verhärtungen
aufgeweicht werden
tief schürfende Ängste
ein Stück weit befreit werden

Um zu stammeln
ich verzeihe dir
wenn auch nichts
auch gar nichts
diesen Schmerz
je aus der Welt schaffen wird

Die Ungerechtigkeit
nie verschweigen
trotzdem verzeihen können

Verwandlung ist möglich
meine Sorgen
sind nicht aufgelöst
doch ich sehe sie
mit anderen Augen

Ich suche nicht mehr
krampfhaft nach Lösungen
sondern versuche achtsam
im Hier und Jetzt zu sein
um dadurch
Schritt für Schritt
mir Lösungsansätze
zeigen zu lassen

Dasein genießen
mit den Kuhglocken
erinnert werden
wie erst das Loslassen
nach allem Zupacken
Lebensklang
Lebensqualität
Lebenstiefgang
ermöglicht

Dasein genießen
in der Erinnerung
an die unantastbare Würde des Menschen

Jeder Mensch
der verbunden ist
mit jedem Tier
jeder Pflanze
jedem Stein

Du in allen Dingen

Mich einbringen
und mitteilen
mich zumuten

Dankbar erfahren
wie alte Muster
die im ersten Moment
immer noch auftauchen
nicht mehr tragen

Heute dankbar erlebt
wie meine Angst vor Ablehnung
unberechtigt war

Kraftvoll erfahren
wie ich mich nicht
in die Spirale des Misstrauens
hineinziehen ließ

Dank der Bewegung
zutiefst bewegt von Dir

Sprachlosigkeit
aushalten
ohne davonzulaufen

Unsicherheit
ausdrücken

Empörtheit
spüren lassen

Betroffenheit zeigen
weil Du hinabgestiegen bist
ins Zentrum des Leids
um einfühlsam erfahren zu lassen

ICH BIN DA

Dem Lebensfluss in mir Ausdruck verleihen
in meinem Vertrauen und meinen Tränen
in meiner Angst und meiner Dankbarkeit
in meinem Schmerz und meiner Hoffnung
meine Lebendigkeit spüren

Glücklich sein
weil all diese Gefühle
zu mir gehören dürfen

Glücklich sein
weil ich in meiner Zerrissenheit
mich zeigen darf

Kraftvoll und verletzlich

6. Tag

Staunen
über die Stille der Nacht
Dunkelheit
die auch Geborgenheit schenkt
das Dunkle in mir umarmen
anschauen können
was noch unerlöst ist
in mir

Wie einmalig bin ich
mit meinen kraftvollen
und verletzlichen Seiten
mit meinen unmöglichen
Verhaltensweisen
die möglich sind
und in vielen Variationen
zum Vorschein kommen

Staunen
wie ich mich annehmen kann
in dieser Gebrochenheit
dabei immer mehr erahne
wie sie mich
reifen und wachsen lässt

Erst im
Zu-Grunde-Gehen
erfahre ich Halt

Mich versöhnen
nicht aus Verdrängung
und falschem Harmoniebedürfnis

Mich versöhnen
nicht dem faulen Frieden zuliebe
und aus Angst vor neuer Ablehnung

Mich versöhnen
im vollen Bewusstsein
wie mir Ungerechtigkeit
widerfahren ist

Mich versöhnen
weil ich Wut und Aggressionen
ausdrücken konnte

Mich versöhnen
weil ich dadurch
nicht mehr gefangen bin
von der Destruktivität

Mich versöhnen
im befreienden Aussprechen
von Verzeihung
damit Feindbilder
überwunden werden

Mich versöhnen
nicht weiterhin
nur den Dämon im Feinde sehen
sondern auch den Engel

Mich versöhnen
ist nicht machbar
letztlich ein Geschenk

Im Einklang
mit mir selbst sein
die tiefe Verbundenheit
mit allem spüren

In der Sehnsucht
DIR nahe zu sein
liegt die mitfühlende Lebensweise
mitzuleiden mit der Schöpfung
den verfolgten Menschen
den Missachteten
den Ausgebeuteten

Ein- und Ausatmen
jene Schreckensbilder anschauen
vertrauend
dass ich durch mein Dasein
mitgestalten kann
am Versöhnungsprozess auf dieser Welt

Im Einklang
mit mir selbst sein

um aus dieser Lebenskraft
mit anderen aufzubrechen
in eine solidarischere Welt

Sei Du
Beweg-grund

Berührt sein
von Deinem Lebensatem
die Rose
erzählt von Deinem Duft

Auch die zerknitterten Blütenblätter
gehen von der Mitte aus
und zu ihr hin

Meine zerknitterten Seiten des Lebens
die ich oft nicht wahr-haben will
in diesem Duft des Eingebundenseins sehen

Rose sein
einfach so

Was immer an Verwundungen
sich in meinem Leben
angehäuft hat

Mag noch so Schreckliches passiert sein
ich will mein Leben
nicht auf diese Verletzung reduzieren

Ich bin mehr als all das
und zum befreiten Leben gerufen

Auch wenn ich mich
körperlich-seelisch behindert fühle
so kann sich auch darin
meine Lebenskraft zeigen
die durch die Behinderung hindurch
noch mehr entfaltet werden will

Dank Dir

Geprägt für mein Leben –
Worte wie
Vertrauen
Freundschaft
Hoffnung
Angenommensein
Daheimsein
sind nicht nur Sehnsucht
sondern führen direkt
zum Schmerz
zur Sinnfrage

Mein Integrieren
und Überwinden dieser Not
wird sie nicht erklären
doch ich werde daran
wachsen und reifen

Die Ungerechtigkeit bleibt
doch mein Vorwärtsgehen

ist der Sinn in dieser Schwierigkeit
aber nicht dieser Schwierigkeit

Himmelschreiendes Leid
bleibt unerklärbar
zu viele zerbrechen daran

Behutsam staune ich
wie ich dadurch
meine Lebensaufgabe entdecke

Verwurzelt in Dir
sein wie ein Baum
und doch so bewegt
und beweglich

Das Erscheinungsbild
bleibt und verändert sich

jeden Moment

Profil finden
noch tiefer
aus der christlichen Tradition schöpfen
indem eine neue Sprache
gefunden werden muss

Raum für mich

Klagen und hoffen

7. Tag

Ich nehme mich zuerst
nicht so ernst
habe Verständnis für
die anderen

Ich spüre im Erwachen
in der Nacht
dass ich es aussprechen muss

Ich suche nach Worten
wie ich es einbringen kann
obwohl ich mich nicht wohl fühle
aus Angst
vor Vorwürfen
und Liebesentzug

Ich versuche es zu lassen
doch es gelingt mir nicht
während der ganzen
Meditationszeit
bin ich besetzt
von dieser Verunsicherung

Ich werde sie aussprechen
und es wird gar nicht so
ein großes Problem sein

Geduld und Wohlwollen
mir selbst gegenüber
ist angesagt
um mich
in diesem scheinbar endlosen Spiel
nicht abzuwerten

Auch mir ist Neues geschenkt
ich werde diese Spirale durchbrechen

Ich verstricke mich selbst
immer wieder in alten Mustern
die geprägt sind von
Angst
Liebesentzug
Ablehnung

Ich tue mir selbst weh
indem ich mich gefangen halten lasse
innerer Krieg in mir
Unruhe
die mich nicht schlafen lässt

Befreie mich
indem du mir
Wege
Schritte aufzeigst
die getragen sind vom Wohlwollen
mir selbst gegenüber
um meine Meinung einzubringen
ohne sie absolut zu setzen

Befreie mich
indem ich mich anderen
zumute
vertrauend
dass Du Verwandlung bist

Hier und jetzt

Ich bin es würdig
dass Du eingehst unter mein Dach
denn ich brauche
Dein heilendes Wort
damit meine Seele gesunden kann

Heilung
die sich ereignet
im Annehmen von Wohlwollen
und Entgegenkommen

Im Lachen über mich selbst
im Staunen über die Seerose
allein dieses Wunder
bleibt ohne Worte

Die Seerose in mir entdecken
das Öffnen und Schließen der Blüte

als Ausdruck meiner Hingabe
für meine Lebensaufgabe
und meines Überlassens

meiner Verpflichtungen
weil Du es bist
der mein Dach
mein Haus
meine Bleibe ist
so wie ich Dir
Dach
Haus
Bleibe bin

Als sensibler Mensch
klage ich Gott an
und protestiere mit
meinem ganzen Herzen
meiner ganzen Seele
meiner ganzen Kraft

Ich werde nicht verstummen
und auch andere
zum Schreien ermutigen
weil darin sich das Geheimnis
von Kreuz und Auferstehung ereignet

Hoffnung wird staunend erfahrbar
wenn ich klage und protestiere

Weil ich in der dunklen Nacht
an deiner Abwesenheit leide
und in Kosovo
vor den unzähligen Gräbern
stehe

leide
erschüttert bin
empört bin

Weil ich mich
dieser dunklen Seite stelle
und die Kraft dazu habe
muss ich mich
getragen wissen

Meine Klage
mein Protest
ist Ausdruck des Erahnens
dass es mehr als alles geben muss

DICH
unbegreiflich – nah

Raum für mich

Leichtigkeit des Seins

8. Tag

Sein dürfen
ich muss nicht
sondern ich bin begleitet
das in mir zu entdecken
was mir zutiefst gut tut

Diese Spur kann sich
auch durch Schwierigkeiten
hindurch zeigen
durch Zweifel
doch ich darf
und muss nicht
weil Du
Leben in Fülle versprichst

Erkennen
dass glücklich sein
auch Leiden beinhaltet
weil es keine Liebe ohne Leiden gibt

Tod und Auferstehung
ich bin lebendig
weil ich lache und weine
mich schwer und leicht fühle
mich getragen und verunsichert weiß

Ich lebe intensiv
weil ich auf dialogische Beziehungen
angewiesen bin

Ich werde ich selbst
weil ich auf Christus
ausgerichtet bin
und erahne
wie im Loslassen
die Befreiung zu mehr Echtheit geschieht

Meine Ängste aussprechen
und loslassen
meine Ur-angst
abgelehnt zu werden
im Hineinbegeben in echte Beziehungen
überwinden können

Tod und Auferstehung feiern
ich finde mich und finde Gott
ich suche mich und suche Gott
ich finde beides und suche beides
jeden Tag neu

Da sein
mein Wert entspringt
aus meinem Sein

Da sein
ausruhen
genießen können

all die Begegnung mit
Menschen
Schöpfung
Kosmos
auskosten

Da sein
auch wenn die Angst
mich einholt
wertlos zu sein

Da sein
staunend die Seerose
meditieren
wie sie voller Offenheit ist
um sich danach zu schließen

Da sein
geheimnisvoll nah
allen Dingen

Da sein
Dich ein- und ausatmen
berühren und loslassen

Mich von Dir finden lassen
um daraus
mit Entschiedenheit
dem Leben zuliebe
aufzubrechen

Lachen können
mitschwingen
in der Leichtigkeit des Seins

Unerwartet im Staunen
über die Freiheit der Vögel
über die Spannbreite ihrer Flügel
und den weiten Raum
verzeihen können
um aus der Gefangenschaft
des Exils
neu gestärkt
mitzubauen an einer
friedvolleren Welt

Versöhnung
an der es hart zu arbeiten gilt
durch Konfliktfähigkeit
und im Entdecken der eigenen Würde

Versöhnung
die nie machbar ist
sondern letztlich
wie alles Wesentliche im Leben
Geschenk
Gnade

Den Lebensbaum
in meiner Mitte entdecken
das Schöpferische
Kreative
Phantasievolle

Mich im einfachen Lebensstil einüben
um mich nicht zu verlieren
sondern meine Mitte zu finden
wo ich zutiefst verwurzelt bin
woraus Motivation und Antriebskraft
für mein Engagement wächst

Auch wenn destruktive Kräfte
mich ab und zu
in ihren Bann ziehen
und mich gefangen halten
in meinem Ich
ich werde immer wieder
zu meinem Selbst
zu meinem Lebensbaum
zu Dir gelangen
allen durch-kreuzten Hoffnungen zum Trotz

Ich vertraue in die Kraft des Guten

Raum für mich

Heimatlosigkeit

9. Tag

Große Traurigkeit erfüllt mich
das Gefühl der Heimatlosigkeit
macht sich breit

Heimat in mir zu finden
bedingt doch auch
Orte der Beheimatung zu haben

Ich kann nicht von unserem
menschenfreundlichen Gott
reden und schreiben
und die befremdende Sprache
der Liturgie übernehmen
da gibt es kein Zurück

Durch die konsequente
Treue zu meinem Empfinden
spreche ich viele Menschen an
die auch leiden an der
Unbarmherzigkeit unserer Kirche
doch der Preis
den ich bezahle
ist das Allein-mich-Fühlen

Ich leide sehr

Unglaublich
wie eine kleine Begebenheit
mich an all meine
existenziellen Fragen führt

Zurückgeworfen in meine
Urverwundungen
meine Heimatlosigkeit

Oder liegt gerade darin
mein ur-eigener Weg
als Grenzgänger
das eigene Leiden annehmen
mitleiden an unserer Kirche
und trotzdem Wege aufzeigen
wie sie befreiter
gelebt werden kann

Tränen fließen
Träne um Träne
auf der Himmelsleiter
gefüllt mit meinem Schmerz
Träne um Träne
ganz behutsam
in Verbindung zu Dir –
auch Du schreist nach Sinn

Mit Dir aushalten und
vertrauen
dass Verwandlung geschieht
dass in dieser Einsamkeit
die Kraft liegt
meine Lebensaufgabe zu entdecken

Heimatlosigkeit
stimmt mich unendlich traurig
oder will ich
an der alten Heimat festhalten
und nicht bereit sein
eine neue mit anderen aufzubauen

Nein – es geht um das
Eingebundensein in der Familie
dies ist zutiefst
unerlöst in mir

Warum darf ich nicht
kommen
wie ich bin

Warum wird weiterhin
etwas hochgehalten
was längst nicht mehr gilt

Warum werden in der Kirche
Tag für Tag Gebete gesagt
die zu einseitig sind
zur sehr betont
auf das Nicht-Genügen und
Nicht-würdig-Sein

Tränen fließen
was für meine Lebendigkeit spricht

Wische Du sie nicht
zu schnell ab

In all meiner Traurigkeit
den Duft der Rose
tief ein- und ausatmen
darin den Duft
des heilenden Geistes
erahnen

In aller Schwere meiner Stunden
Schritt für Schritt
weitergehen im Wahrnehmen
der Gefühle im Hier und Jetzt
im Streicheln der beiden
jungen Kätzchen
die Zuwendung Gottes
leise spüren

Du sagst:
Komm heim – es genügt

Die Gabe der Tränen
wünsche ich mir
das Fließenlassen
des Schmerzes
im Öffnen der Kanäle
um an Deine Quelle
zu gelangen

Tränen
die mich herausführen
aus dem Selbstmitleid

Tränen
die mich selbst lebendig
erfahren lassen
weil ich begrenzt
verletzlich
verwundbar bin

Anstatt sich zu ducken
oder zurückzuschlagen
gibt es einen dritten Weg
den Versöhnungsweg Jesu
des gewaltfreien Widerstands

Wider-stand
stehen zu meiner Wut
meiner Aggression
um sie loszulassen

Wenn ich darin
gefangen bleibe
tue ich mir selbst weh

Widerstehen
im Beten für die Feinde

Raum für mich

Ungelöste Fragen

10. Tag

Nichts-tun
mich hineinbegeben
in die göttliche Lebenskraft
tief ein- und ausatmen
eingebunden
in Schöpfung und Kosmos
einen Moment
trotz innerer Zerrissenheit
aufatmen
aufgerichtet sein
weil ich mich verwandeln lasse
im Hier und Jetzt

Höchste Aktivität
im Nichts-tun
die mir zum Sprungbrett
für mehr Engagement
werden wird

SEIN lassen
all die ungelösten Fragen
die bedrohenden Zukunftssorgen
die himmelschreiende Ungerechtigkeit
nicht weil sie dadurch

verdrängt werden
sondern in einen größeren
Zusammenhang
in die Perspektive Gottes
hingelegt werden

Echte Hingabe des Lebens
als selbstbewusster Mensch
der zutiefst spürt
dass er oder sie nicht
aus sich heraus
all diese Sorgen
verwandeln kann

Es braucht die absolute Notwendigkeit
alles mir Mögliche daranzusetzen
um Verwandlung anzugehen
und zugleich das absolute
Vertrauen
dass ich ohne Dich
nichts tun kann

Absolut heißt
Schritt für Schritt
bewusst den Moment leben
das genügt

Denn darin ereignest Du Dich
als richtungsweisende Kraft

Ich möchte versuchen
zu blühen wie eine Seerose
ohne Warum
getragen im Wasser
im Rhythmus
mich öffnen
und schließen

Ganz da sein
transparent
für Dich Gott
damit Du durchscheinen kannst
durch mein Sein

Ganz da für
die Schreie in mir und um mich
weil Du mitschreist

Ganz da
im Erneuern unserer Gesellschaft
die zärtlicher und
menschenfreundlicher werden muss
durch Dich Freundin Geist

Blühen wie eine
Seerose möchte ich
inmitten von anderen
Seerosen
meine Einmaligkeit
in der Verbundenheit
feiern

An der Sonne
Momente lang erahnen
wie die Zerrissenheit
aufgehoben ist
wo Gottes zärtliche Zuwendung
spürbar wird
wo all die Fragen
zurücktreten
in jenen Horizont der Ewigkeit
aus dem sie anzugehen sind

Momente der Dankbarkeit
über das Leben
angesichts der
Widerwärtigkeiten
die Menschen einander zufügen

Staunen
wie in meinem Lebensatem
sich Wunderbares ereignet
das nie selbstverständlich ist
die Geburt Gottes in mir
die mich mit
größter Achtsamkeit
mitleiden lässt
mithoffend aufbrechen lässt
der Menschenfreundlichkeit entgegen

Gottes Ehre ist der
lebendige Mensch

Bleiben
aushalten
meiner Intuition trauen

Alles ist bereit zum Fest
die Lösung ist in mir
mit Bestimmtheit und
Geduld freilegen
was noch mehr
gefördert werden möchte
in mir

Ich werde achtsamen Schrittes
vorwärtsgehen
und nicht beschleunigen
denn wer glaubt
beschleunigt nicht
sondern lässt wachsen

Raum für mich

Dankbarkeit

11. Tag

Dankbarkeit
meinem Leben gegenüber
empfinden
dankbar Dir gegenüber sein
weil ich Dich entdecke
im Schwachen
Entrechteten
Ausgebeuteten
Schreienden

Dankbar
dass aus meinen Wunden
Perlen geworden sind
weil ich nicht vorübergehe
sondern Zeit habe
zum Zuhören
Berühren
Heilen
Trösten

Da sein zu können
ist etwas vom
Schönsten im Leben
dieses tiefe Vertrauen

dass es genügt
zu sein

Stundenlang dem Spiel
der jungen Katzen zusehen
Nähe und Distanz
die mich zu mehr
Lebendigkeit rufen

Da sein
im Ein- und Ausatmen
er-leben
wie Du
in mir atmest

Mein ganzes Dasein
mein ganzes Herz öffnen
um annehmen zu können
dass es immer ein
gebrochenes Herz sein wird

Mich in Dein Mitsein zu verwurzeln
lässt mich Vertrauen finden
in meinen Lebensweg
und zugleich mich denen zuwenden
deren Verwundungen
nach Heilung schreien

Dein Dasein und Mitsein
führt zur inneren Ruhe
und zum Mitleiden
in Nähe und Distanz

Raum für mich

Sehnsucht nach Verwandlung

12. Tag

Intensiv die Sehnsucht spüren
mich verwandeln zu lassen
befreit aus den Zwängen
in die ich mich selbst immer
wieder verstricke

Intensiv den Saum berühren
um heilende Nähe zu erfahren
im Loslassen und
mich aufrecht in die Mitte stellen

Intensiv vertrauen
dass alles gut wird
und ich besser mit
meinen Widersprüchlichkeiten
umgehen kann

Glücklich werden
im Annehmen meiner Begrenztheit
meiner Zerrissenheit
und meinem großen Potential
der schöpferischen Gaben
die mehr fließen möchten
indem ich sie auch kanalisiere

NEIN sagen können
um wohlwollender mit mir
umzugehen

Intensiv die Sehnsucht spüren
die mich leitet

Befreiendes Weinen
aus der Tiefe
mit ganzem Herzen
Seele und Kraft

In Berührung kommen
mit dem Durst
mit Dir Herz an Herz
zu sein
bei Dir ausruhen
nichts machen
sein dürfen
angenommen
und darin die Spur
zu mehr Lebendigkeit
erfahren
zu befreiteren Beziehungen

Erlösendes Weinen
das mich zutiefst
erschüttert

Leben können
in Berührung sein

mit meinem Lebensatem
dem verletzten Kind in mir
das sich so sehr sehnt
angenommen zu sein
in die Arme genommen zu sein
getröstet zu sein

Weinen können
dank Dir

Kraftvoll klingt
die Versöhnungsfeier nach
berührt mich
zutiefst mit den Worten

Von Herz zu Herz
mit Dir sein

Wie groß ist
meine Sehnsucht
dieser Hoffnungsspur
zu folgen

Bewegt mich zur Ruhe legen

Raum für mich

Mich lassen

13. Tag

Mich lassen
ruhen dürfen
nichts mehr sein müssen

Einfach einschlafen
mich Dir überlassen

Lassen
die Spannungen des Tages

Lassen
die erfüllten Momente

Lassen
die angstbesetzten Blicke

Lassen
die geschenkte Dankbarkeit

Lassen
die kleinen ärgerlichen Momente

Lassen
das Feiern Deiner Gegenwart

Lassen
mich und die anderen
sogar Dich lassen

Um morgens
neu berührt zu werden
von Dir

Raum für mich

Lachender Segen

14. Tag

Immer noch tief berührt
von dieser Sehnsucht
Herz an Herz
mit Dir zu sein

Umkehr erahne ich
wünsche ich mir zutiefst
all mein Tun und Schaffen
zuerst aus diesem Seinsgrund
beleben zu lassen
all meine Ängste und Sorgen
meine gut eingespielten Mechanismen
meine Angst vor Liebesentzug
aus diesem Urvertrauen heraus anschauen
weil mir dieses Beste
nicht genommen werden kann
obwohl es nicht zu HABEN ist

Tief angerührt von der Erfahrung
dass in all meinen Verstrickungen
und meinen Fehlern
meiner Härte und meiner Ungeduld
nur eines zählt vorerst

Mich zu erinnern
wie ich Herz an Herz bin

spürbar im bewussten
Ein- und Ausatmen
des heilenden Geistes in mir

Deinen lachenden Segen
entdecke ich in
unserem herzhaften Lachen

Du bewegst zum
befreiten Aufatmen
zum beschwingten Gang
in der Leichtigkeit
des Seins

Du rufst heraus
aus der Einöde und
der Verlorenheit
und lässt den
Weg in mir entdecken

Dein Wille
kann nur in Übereinstimmung
mit dem Weg in mir
sich verwirklichen

Denn nur aus dieser Lebendigkeit
kann ich all die zerrissenen Erfahrungen
und die monströsen Taten
die Menschen einander
und der Schöpfung antun können
mit Protest benennen

und mein Leben
zum Gleichnis des
solidarischen Aufbruchs
mit vielen werden lassen

Freundschaft erfahren
erahnen wie ich sein darf
so wie ich bin
so wie ich werden möchte
so wie Du mich seit
Anfang meines Lebens gerufen hast:
verbindlich frei

Verbindlich
mich einlassen
mich zumuten
Kraftvolles und Widersprüchliches teilen
Worte finden für
das Unsagbare

Frei
mich entfalten
nicht müssen
meine Kreativität
in ein größeres Ganzes einfließen lassen

Freundschaft erfahren
angeschaut werden
genießen können
SEIN dürfen
ohne HABEN zu wollen

Bewegung geschehen lassen
in der Umarmung spüren
wie ich umfangen bin
von den Umarmungen Gottes

Ruhe
Harmonie
Einklang

DU

Sackgasse

15. Tag

In der Sackgasse
fühle ich mich –
immer dieselben Fragen
an denen ich an-stoße

Das Gefühl nicht weiterzukommen
blockiert mich
irgendwann einmal sollte sich doch
eine Entscheidung herauskristallisieren

Doch noch ist die Angst
zu groß
dass ich dabei zu kurz komme
mich überfordere
mein Schatten genährt wird

Kann es sein
dass im bewussten Wählen
dieser Herausforderung
sich mir neuer Raum eröffnet

Du überforderst mich
sicher nicht

Du lässt mich aber auch nicht
hinter meinen Entfaltungsmöglichkeiten

Wenn ich nur ein
beherztes JA sagen könnte

Im Moment
ist die Zeit dazu
noch nicht reif

Raum für mich

Mich entfalten können

16. Tag

Sein können
weil ich nicht mehr muss
sondern werden kann

Tag für Tag
mich entfalten können
aus innerer Kraft

Nicht mehr fremdbestimmt sein
befreit zu mir selbst

Raum für mich

Nicht mehr Einzelkämpfer bleiben

17. Tag

Mich hineinwagen in das Leben
das mich Fülle erfahren lässt –
einfach der Intuition folgen
keinen Erfolg haben müssen
sondern mit anderen
in Beziehungsfähigkeit
wachsen lassen
was ich zutiefst bin

Ich werde
gerufen meine Angst
zu überwinden

Nicht als Einzelkämpfer mich
abgesichert zu haben
nicht Erster sein müssen
sondern ohne zu wissen wie
mit andern
suchen
finden
verlieren
suchen
finden

Dich erahnen in dieser
Gratwanderung himmelwärts

Raum für mich

Schrei nach Gerechtigkeit

18. Tag

Hunger und Durst
nach Gerechtigkeit spüren
erneut in Berührung gekommen
mit der ver-rückten
Leidenschaft Jesu
jedem Menschen
Recht auf Nahrung
Arbeit
Wohnung
zu ermöglichen

Mich nicht mehr aufhalten lassen
all mein Mögliches tun
um unsere kapitalistischen Strukturen
zu überwinden
die das Kapital und nicht
Menschen ins Zentrum stellen

Entfremdet sind wir uns geworden
in unseren Arbeiten
entfremdet und überfordert
in unseren Beziehungen
die Tag für Tag
zum HABEN-wollen motiviert werden

Mit Dir den Traum
von Gottes neuer Welt träumen lassen

mich da noch mehr
mithineinbegeben
und mich zugleich
immer wieder herausnehmen
weil Du alles in allem bist

Du kosmischer Christus
bewege durch Deinen heilenden Geist
unsere Herzen
damit wir im engagierten Weg
zu Frieden in Gerechtigkeit finden

Mit Leib und Seele
Dich erfahren
im Staunen über
das Wunderbare
eines Grashalms
im Umarmen eines Baumes
nach dem intensiven Jogging
im Genießen des
Wassers und der Sonne
beim Schwimmen
im Ausruhen beim
Trocknen an der Luft
getragen von Mutter Erde

All diese Erfahrungen
sind Hinweis auf Dich
ganz nah und geheimnisvoll weg

Mit ausgestreckten Armen
durch die Kornfelder gehen
achtsam
Schritt für Schritt
dem Sonnenuntergang entgegen
bestärkt dadurch
in der Hoffnung
dass immer mehr Menschen
in ökologischer Achtsamkeit
das ganz Einfache
im Leben entdecken
und all-täglich wagen
die große Reise
nach innen zu gehen

Mit Dir

Raum für mich

Schwere

19. Tag

Schwer fühle ich mich
unerklärbar
wie sich Leichtigkeit
immer wieder verlieren lässt

Schaut auf die Vögel
des Himmels –
ich werde sie mir
anschauen
damit sie mein
Gebet werden

Deine Schöpfung hat mich
schon so oft
verwandelt

Ich vertraue Dir den
heutigen Tag an
im Einüben des JETZT

Wie unsagbar schwer ist es
für mich im Hier und Jetzt zu sein
Wie sehne ich mich vermehrt danach
den Augenblick zu leben
denn da bist Du

Weder Vergangenheit noch Zukunft
liegen in meiner Hand
einzig dieser Moment
ist mir aufgetragen
mitzugestalten an Deiner
Vision einer gerechteren Welt
sie beginnt im
achtsamen Wahrnehmen
des Augenblicks

Berühre Du mich dazu

Tausend Gedanken
behindern mich
einfach da zu sein
im Hier und Jetzt

Ich kann sie weder
entfernen noch bekämpfen
einzig das bewusste
Ein- und Ausatmen
das bestimmte-wohlwollende Hiersein
ermöglicht mir ab und zu
jene kostbaren Augenblicke
wo alles sich verdichtet
und nichts mehr ist
da erhältst Du Raum
um mich zu erfüllen
mit Deiner Gegenwart

Im Jetzt leben
ist meine große Sehnsucht
denn es bedeutet für mich
aus Dir heraus
mein Leben zu gestalten

Doch zu oft bin ich
in der Zukunft
im Planen und
Überlegen wie es sein wird
WENN

Raum für mich

Lieben können

20. Tag

Erschüttert bin ich
habe ich jemals geliebt
habe ich mich wirklich
lieben lassen

Wie Teresa von Avila
fühle ich mich
die nach zwanzig Klosterjahren
er-fährt
dass sie eigentlich
nichts begriffen hat
weil all ihr Tun geprägt war
von der Berechnung
in den Himmel zu kommen

Was ist meine Berechnung –
wo finde ich
innere Freiheit in meinem Leben

Wenn ich nun in die Kapelle gehe
und mich diesem Schmerz stelle
so will ich nicht hart mit mir
ins Gericht gehen
sondern mich von Dir
lieben lassen
in dieser Erschütterung

damit ich Atemzug
um Atemzug aus tieferem
Inneren sagen kann

ICH LIEBE DICH

Ich liebe das Leben
mich
die anderen
Deine Schöpfung
und in alledem Dich

Mich lieben lassen
meine Verwundungen
umarmen lassen
ganz sachte und
voller Wärme

Mich lieben lassen
meine berechnenden Seiten
meine Verhärtungen
aufweichen lassen

Mich lieben lassen
zutiefst annehmen
wie die Gaben
die allein von Dir kommen
anderen Menschen
zufließen
und sie bereichern

Mich lieben lassen
schmerzvoll annehmen
wie dies zu-Grunde-liegt
wie all mein Tun
noch erlöster werden möchte

Mich lieben lassen
und mit anderen zusammen
wagen mitzugestalten an
Deiner zärtlich-gerechten Welt
in aller Kraft und
Bescheidenheit

Mich lieben lassen
mich angenommen wissen
für immer
durch Dich
erfahrbar im Fluss des Lebens

Schlussendlich bleibt
von all den vielen Worten
die ich gehört und
aufgeschrieben habe
nur eines

LIEBEN

So oft gebraucht
und missbraucht
abgedroschen und
verharmlost

gestehe ich in aller
Bescheidenheit ein
dass ich am Anfang
des Sinns des Lebens bin

LIEBEN

Nicht jenes Verliebtsein
das all mein Sein erfüllt
und ich nicht missen möchte
diese Erfahrung
die so süß-bitter ist

Nicht jene Leidenschaft
die haben will
besitzen
sich nicht vorstellen kann
ohne diesen Menschen
zu leben

Und doch mit dem
Verliebtsein und der Leidenschaft
erfahren
wozu jede und jeder
gerufen ist:

LIEBEN

Ob ich es je getan habe
und annehmen konnte
spielt in diesem Augenblick
keine Rolle
JETZT zählt nur noch eines

LIEBEN
LEIDEN
AUFERSTEHEN

Ich kämpfe weniger
versuche mich hinzubegeben
ins Leben
immer weniger aus
Leidensdruck
und immer mehr aus
Liebe

Dies ist meine Sehnsucht
durch und durch

Es bleibt
mir
nur noch
ein Wort

lieben

In meinem Schmerz
zu wenig lieben zu können
kommen mir die Worte
von Petrus wie wohltuender
Regen in meine Trockenheit vor:

»Du weißt alles,
Du weißt, dass ich
Dich liebe.«

Alles ist Geschenk
mein Atem
die Regentropfen
der Sonnenuntergang
die Begegnungen dieses Tages
meine Zweifel
die verwandelt wurden
mein Lachen
mein Schlafenkönnen
mein Dasein vor dem
Kreuz
alles ist Gnade
mein Üben
Suchen
Ringen
braucht es
auch Du beschleunigst
meine Schritte nicht

Dankbar kann
ich auch heute Abend
einfach aufatmen

Widersprüchliche Gefühle

21. Tag

Während der ersten vierzig Jahre
meines Lebens war vor allem
der Leidensdruck
meine Antriebskraft –
die Kunst zu überleben
meine Geschichte zu
bewältigen
viel Angst und Unsicherheit
die ich überspielte

Jetzt erst erahne ich
eine neue Kraft:
die LIEBE

Was immer dies oft gebrauchte
Wort auslöst
für mich steht es in Verbindung mit
Loslassen
Hingabe
Vertrauen

Schmerzvoll bleibt anzunehmen
dass es so lange gedauert hat
und ich hoffe in aller Realitätsbezogenheit
dass ich lieben kann
auch Dich

Dasein

Mitsein

Einfach sein

Im Jetzt sein
Traurigkeit spüren
über so viel verhindertes Leben

Im Hier sein
Sehnsucht erfahren
heilende Momente entdecken
immer mehr

Im Dasein
meiner Intuition trauen
wenn ich jetzt bin
so gestalte ich aktiv mit
an meiner Zukunft

Du
ermöglichst mir da zu sein
weil Du in mir bist
und mich das Angenommensein erfahren lässt

Welch widersprüchliche Gefühle in mir

Dankbarkeit über den roten Faden
der Hoffnung in meinem Leben

Erschrecken mit dem Gefühl
nichts begriffen zu haben
von der bedingungslosen Liebe

Beides gehört zu mir
und ich versuche
mir wohlwollend zu begegnen

Auch dank Dir
der mich sein lässt

Mich finden lassen

22. Tag

Christus
längst bevor ich Dich suche
suchst Du mich
und ich lasse
mich von Dir finden

Ich bin da

Getragensein

23. Tag

Diese kostbaren Momente des Seins
in Erinnerung behalten
diese Minuten des Getragenseins
in der Meditation
wo ich mich nicht mehr
konzentriere auf meinen Atem

Nichts ist mehr hörbar –
einzig tief fühlbar
kostbare Momente des Seins

Staunen
wie jeden Morgen
sich die Erfahrung der Auferstehung
vollzieht in meinem Leben
wie mir Lebensatem geschenkt ist
immer wieder

Staunen
wie die Angst der Nacht
so faszinierend sie sein kann
zu meinem Leben gehört

Das Dunkel
auch das Dunkel Gottes
das Unbegreifbare gehört
zu meinem Leben
Sei Du mir da Hoffnungsfunke

Verwandlung wird möglich
in den kostbaren Momenten
wo ich loslasse
nichts mehr will und tun muss
wo alle nichtigen Bemühungen
sich lösen
und in mir der Atem fließt
Verwandlung wird spürbar
wenn ich mich lasse
all mein Planen
all meine Ohnmacht
all meine Wünsche
Dir überlassen
weil Du mich bewegst
zu echter tiefer
Lebendigkeit

Raum für mich

Nicht mehr kämpfen

24. Tag

Nicht mehr kämpfen
und krampfhaft versuchen
das Wesentliche zu entdecken
und zu tun

Es mir schenken lassen
wenn ich nach innen schaue
und entdecke wie
alles schon bereit ist
und wachsen und reifen wird

Mich er-lösen lassen von
meinen Allmachtsphantasien
und vertrauen
dass alles gut wird

Welch klare Sicht
weithin in die Berge
das Gewitter hat reinigende Kraft

Auch ich spüre tiefe Klarheit in mir
dass es gut ist und wird

Deine Gnade genügt
Dein Mitsein ist allerinnerste Mitte

In der Tiefe finden auch
Stürme des Lebens statt
doch noch tiefer in mir ist
der innere Raum der Stille
wo niemand Zutritt hat
wo die Erwartungen mich nicht
erreichen können
wo die Ängste Eintrittsverbot haben
wo ich spüre
wie Du mich in meinem Rhythmus
atmen
wachsen
reifen lässt

Welch klare Sicht

Mich hineintauchen lassen
in Dich
Du großes Geheimnis
meines Lebens
Du nahe Gegenwart
in allem
Du unbegreifliche Mitte
Du mitleidende Kraft
in allen Begegnungen
Du sinnstiftende Quelle
Du erotische Sehnsucht
alles in allem –

mich übersteigend
mich staunend-fragend
zweifelnd-hoffend
unterwegs sein lässt
damit ich in Dir
ich selbst werde und mich loslasse
jeden Tag neu

Mich tief verwurzelt fühlen
in Deine Schöpfung
Teil eines Ganzen zu sein
und doch einmalig und
unendlich kostbar

Das Verbindende mit
aller Kreatur und Kosmos
tief spüren im Atmen
und doch
Dich als Du erfahren
das mich übersteigt
und größer
unfassbarer
unendlicher ist

Meine Individualität geht
nicht auf und verliert sich
sondern sie wird aufgebaut
in meiner Selbstwerdung
und im Loslassen meiner Selbst
weil ich nur in Dir
mich finde

Raum für mich

Meine Kräfte sammeln

25. Tag

Da sein
staunen wie die Schöpfung
sich immer neu zeigt
entfaltet und verwandelt

Einen Regentropfen meditieren
dem freien Flug der Vögel folgen
den Duft der Rose einatmen
meine Schritte bewusst gehen
weil Mutter Erde mich trägt

All mein Sein und Tun
in Gebet verwandeln lassen
im Genießen und Loslassen

Geburtstag feiern
einen Menschen in die Mitte stellen
staunen wie die Geburt Gottes
sich ereignet ohne Unterlass

Ansehen
Verwandlung
Beheimatung schenken
sich freuen wie einmalig und
kostbar jeder Mensch ist

Du bist
Anfang und Ende

Die Verschiedenheit jedes Menschen
bewusst wahrnehmen
die Sympathie
die fließt genießen
die Antipathie wahrhaben
um diesen Menschen
noch mehr mit Deinen Augen
zu sehen

Das was mich ärgert
auch als Spiegel sehen
dessen was in mir noch
unerlöst ist

Das was ganz anders ist
als Wachstumschance sehen
um mir und jedem Menschen
Versöhnung einzugestehen

Dich lieben
beginnt in den kleinen
alltäglichen Banalitäten
im Einüben des
Zu-mir-Stehens und
des Weitergehens

Brachzeit
Sabbatkultur
mich vom Rhythmus der Natur
bewegen und verinnerlichen
zu lassen

Nichtstun als höchste
Aktivität erfahren
weil im Schweigen die
innere göttliche Stimme
endlich hörbar wird

Im Sammeln meiner Kräfte
spüre ich vermehrt
was in mir an Lebenskräften ist
die zu wenig zur Entfaltung
gekommen sind

Da wo ich mir Zeit gönne
zum Ausruhen
da nehme ich achtsamer wahr
welches mein Teil zum Wohle
der ganzen Schöpfungsgemeinschaft ist

Mich einbringen
und zurücknehmen

Ein- und ausatmen

Mich öffnen
und schließen
machtvoll und ohnmächtig sein

Meine Berufung einmal mehr erfahren
einzig durch mein Sein

In meinem Dasein spüren
wie daraus andere Hoffnung schöpfen

Da
wo ich zu mir komme
in Einklang mit mir selbst komme
da
bin ich tiefer verbunden
mit allen Menschen
der Schöpfung und
dem Kosmos
und dadurch mit dem
Du in mir
Du im anderen
Du übersteigst alles

DANKE

Im bewussten Schreiben
und mich Bewegen
Berührtsein erfahren
all meine Widersprüchlichkeiten
und Polaritäten
für Momente aufgelöst
himmelwärts

Dankbares Staunen
wie Verwandlung
sich auch an mir vollzieht

um daraus aufzubrechen
einer Welt entgegen
die die Würde
jedes Menschen hochhält
weil Du unseren Alltag heiligst

Loslassen können
ist das größte Ziel
im Leben
darum lasse dieses Ziel los

Alles daran setzen
um das Leiden zu verhindern
und zu überwinden
und alles tun
um das Leiden ins Leben
zu integrieren
weil es keine Liebe
ohne Leiden gibt

Es kommt auf mich an
und hängt letztlich nicht
von mir ab

Glücklich sein kann ich nur
wenn ich dieses Paradox
in meinem Leben annehme

In der Spannung bleiben
damit mir ein spannendes Leben bleibt

Tiefe innere Ruhe empfinden
wie selten
und doch ganz geerdet sein

Tiefes Getragensein spüren
wie kaum zuvor
und mir doch all meiner Widersprüchlichkeiten
bewusst sein

Tiefes Angenommensein erfahren
wie schon lange nicht mehr
und doch die Lebensschreie
um mich hören

Leib Christi sein
mit-leidend
mit-schreiend
und doch ganz tief
unerklärbar vertrauend
dass das Leben stärker ist
als die Widerwärtigkeiten
die in diesem Moment
geschehen
mit-auferstehend
im Hier und Jetzt

Leidenschaftlich bleiben

26. Tag

Es gibt keine Antwort
auf die Frage nach Leiden
dem monströsen
himmelschreienden
schrecklichen
entsetzlichen LEIDEN

Es gibt eine Antwort
dabeibleiben
mitleiden
berühren
trösten
mitschreien

Hoffnung
dass Du mit auferstehst
hier oder im Tode

Keine frommen Sprüche
keine Ratschläge
keine Beschönigungen
keine Vertröstungen
werden mir zu spüren geben
dass ich getragen bin im Leiden

Kein Wort
nur Berührung hilft
oder vielleicht Dein Wort

ICH BIN DA mittendrin

Herzhaft lachen können
zeitlose Momente
wo der lachende Segen Gottes spürbar wird
dieses Wohlwollen
sein zu dürfen
mit meinem Humor
über mich selbst lachen können
weil ich weiß
wie einmalig ich bin
angenommen vor allem Tun

Mit-Sein
ist die Grundhaltung
um den Augenblick
zu leben

Jetzt kann ich glücklich sein
wenn ich mich durch
den Atem
in der tiefen Verbundenheit
mit allem SEIN erfahre

Ich bin glücklich
weil ich das Leiden
annehme im Leben
nicht um es zynisch
zu überhöhen
nicht um es zu suchen

Wahrhaft lieben können
im Verhindern des Leidens
und im Annehmen des Leidens
un-glaubliche Spannung

Danken will ich Dir
dass ich mich versöhnen kann
mit meiner Geschichte

Staunend sehe ich wie
trotz viel Leid und Ängsten
ich mich entfalte
Tag für Tag
mich immer mehr befreie
von Zwängen und
lebensfeindlichen Mustern
er-löst vom Müssen
zum Mit-sein

Nicht auf das schauen
was mir mangelt
sondern auf
Reichtum in der Armut
Vertrauen in den Zweifeln
Hoffnung in der Ohnmacht
Stärke in der Schwäche
Entfaltungsmöglichkeiten
in einem größeren Ganzen

Sich selbst aufgeben
wird möglich
wenn ich meine Stärken
und Grenzen kenne
wenn ich meine Lebensaufgabe
mein inneres Feuer
erspürt habe
um diese Kreativität
loszulassen
hineinfließen zu lassen
in ein größeres Ganzes

Die ganze Welt verlieren
wenn ich außerhalb von mir
mein Glück suche
es ist in mir
und verweist mich
zur Begegnung
zum Mitleiden und Mitfeiern

Mich hineinbegeben in den
Fluss des Lebens
um mich zu finden
in Dir

Ein »Mensch auf der Grenze« sein
wie Thomas Merton
den Mönch beschreibt
in die Grenzerfahrungen
hinein
die eigenen und die der anderen
um darin Dich
zu erfahren
Deine grenzenlose Liebe

Den Augenblick genießen können

27. Tag

Am Morgen die Schwere
spüren
um aufzustehen
zu-mir-zu-stehen
bleibt ein Lebensauftrag

Auch heute einstehen
für das Leben
das bedrohte
zerschlagene
entfremdete
ist mir zutiefst zugetragen

Nicht von außen
sondern aus meiner Mitte heraus
lebendiger werde ich nur
wenn ich beides ernst nehme
die Sehnsucht zu mir zu kommen
die Hoffnung auf Gerechtigkeit für alle
in beiden lebst und wirkst Du

Wie schwer ist es für mich
im jetzigen Augenblick zu leben
immer wieder schweifen

meine Gedanken ab
wenn ich dann das erreicht habe
wenn Ferienzeit ist
wenn das Manuskript fertig ist
wenn dieser Film anläuft
wenn das Konzert in der Arena beginnt
wenn …
ich kann die Gedanken
nicht verschwinden lassen
trotzdem bleibe ich Übender im
wohlwollenden Ein- und Ausatmen
denn ich weiß längst
dass das Wesentliche jetzt
mir geschenkt wird
dass ich gut bin so wie ich bin
und nicht erst wenn ich all
das Unerwünschte auch noch
realisiert habe

In meinem Kopf ist alles klar
doch um Mensch zu werden
mit Leib und Seele
brauche ich das wohlwollend-bestimmte
Üben des Genießens des Augenblicks
dank Dir

Raum für mich

Zwischen Schrecken und Zuversicht

28. Tag

Schreckliche Traumbilder
die ganze Nacht hindurch
lassen mich schweren Herzens erwachen
Unglaublich wie sich die Realität
der Gewalt an Mensch und
Tier in meiner Seele einprägt
die dann nachts schreit
unglaublich wie längst geschehene
schwierige Erfahrungen
die vor dreißig Jahren
geschehen sind
nochmals zum Vorschein
kommen möchten

Schwer fällt mir das Aufstehen
schweren Ganges gehe ich zur Meditation
im Dasein und Annehmen
meiner Nacht
im bewussten Ein- und Ausatmen
im immer tieferen Eintreten
in den heiligen Raum in mir
wo Du wohnst und wirkst
werde ich leichter
ruhiger
vertrauensvoller

Auch wenn jetzt Stunden danach
die schrecklichen Bilder noch
nachwirken
so versuche ich sie anzunehmen

Sie sind Teil von mir
um sie immer mehr
loslassen zu können

So gehe ich Schritt für Schritt
durch diesen Tag
das Glück suchend im
Augenblick
in Dir

Vor allen Plänen und Vorsätzen
vor allen Visionen
noch mehr die größte Vision
meiner Einsicht nach dreißig Tagen Schweigen
zu verwirklichen

LEBEN IM HIER UND JETZT

So einfach
einmal mehr nichts Neues
so unendlich schwer
weil ich weiter sein will
weil das Gegenwärtige noch nicht genügt
weil ich mir von der Zukunft
mehr Ruhe erhoffe
die dann doch nicht eintrifft

weil ich schon wieder in der
Zukunft bin

Tag für Tag einüben
mehr dem Jetzt zu vertrauen
dem Augenblick
der Kraft des Gegenwärtigen
da allein wo Du geboren
werden kannst

Schritt für Schritt versuchen
dazusein
mitzusein
loszulassen

Ankommen bei mir
vor nichts mehr davonlaufen
und hinter nichts mehr
nachlaufen

Sein
mit meiner Begrenztheit
meinen unendlichen Gaben
bei mir zu Hause sein
weil Du
mein Zuhause bist
im Hier und Jetzt

Raum für mich

Erfüllt von Lebensfreude

29. Tag

Außer Atem sein
an die Grenzen gehen
meinen Leib spüren
und im Umarmen
des Baumes nach dem Jogging
jene Verbundenheit tief spüren
die aufatmen lässt

Getragen von Mutter Erde
mich gleiten lassen
leicht und schwer sein
aufrechten und gebückten Schrittes
nah und fern beim Ziel
und immer wieder
beim Ein- und Ausatmen
Christus
sagen
dankbar diesen Tag lassen
die ersten Begegnungen
nach dem Schweigen
das sich Freuen aufs Schreiben
weil Schreiben Beten ist
für mich
darum kann ich nicht leben
ohne zu schreiben

Erfüllt von Lebensfreude
herzhaftes Lachen
wo ich sein kann
ohne all die
Ansprüche und Erwartungen
denen ich zu sehr
meine Lebendigkeit opfere
erfüllt vom Mut
Dir mein Leben anzuvertrauen
weil ich dadurch nicht
eingeengt und fremdbestimmt werde
wie so oft befürchtet
sondern erlöst
von Leistungsdruck
und befreit zum
lachenden Gang

Zwischenräume

30. Tag

Dankbarkeit
erfüllt meinen Augenblick
das genügt
darin erahne ich das
»Gott allein genügt«
meiner Freundin Teresa von Avila

Gott genügt
weil er
Beziehung
Geheimnis
Zärtlichkeit
Leiden
Lachen
Unbegreiflichkeit
Nähe
ist

Mich in aller Freiheit
in Beziehungen
einlassen
zärtliche Umarmungen
genießen
mir des Klammern-

und Habenwollens bewusst sein
und zugleich vertrauen
dass ich anders
gelöster Nähe wagen kann
weil ich auch innere Distanz habe
und im Herzen weiß
dass jede Begegnung
Zwischenräume braucht

Raum für mich

Nachklang

Sieben Jahre ist es her, dass ich mich auf das Wagnis der Stille eingelassen habe. Ich lebe noch heute aus dieser Kraft, die mich zu mir selbst geführt hat, zum tiefsten Grund meines Seins. Schreibend habe ich Tag für Tag wahrgenommen, was ist. Ein spiritueller Mensch nimmt wahr, ohne zu bewerten, um darin die göttliche Spur zu erkennen, die zum Handeln in engagierter Gelassenheit führt. Seither schenke ich mir jedes Jahr Schweigezeiten, in denen ich mein Leben vertiefen kann, zum Wohl meiner Mitmenschen und der ganzen Schöpfung. Ein befreiender Weg, den ich auch anderen Menschen wünsche. In meiner spirituellen Begleitung ermutige ich darum, selbst ein spirituelles Tagebuch zu schreiben. Ich bestärke zum Wagnis, sich ein leeres Buch zu kaufen, das all die vielfältigen Gedanken und Gefühle aufnehmen kann. So können wir uns zurechtfinden im eigenen Seelenhaus und so können all die schönen und widersprüchlichen Seiten des Lebens angenommen und gestaltet werden. Ein persönliches Stundenbuch kann entstehen, das ermutigt, sich selbst gerecht zu werden, um dadurch das Verbindende zu spüren, das über uns hinausweist.
Der Dichter Rainer Maria Rilke hat 1899 in sein »Stundenbuch« geschrieben:

Wenn es nur einmal so ganz stille wäre.
Wenn das Zufällige und Ungefähre
verstummte und das nachbarliche Lachen,
wenn das Geräusch, das meine Sinne machen,
mich nicht so sehr verhinderte am Wachen –

Dann könnte ich in einem tausendfachen
Gedanken bis an deinen Rand dich denken
und dich besitzen (nur ein Lächeln lang),
um dich an alles Leben zu verschenken
wie einen Dank.